CATALOGUE

DES

OUVRAGES IMPRIMÉS

DE LA

BIBLIOTHÈQUE MUNICIPALE

DE METZ

DEUXIÈME FASCICULE

METZ

IMPRIMERIE DE J. VERRONNAIS, RUE DES JARDINS, 14.

1879

CATALOGUE

DES

OUVRAGES IMPRIMÉS RELATIFS A L'HISTOIRE DE METZ

ET DU PAYS-MESSIN

SECTION II.

Jurisprudence messine.

250. Les jugements à Metz au commencement du
treizième siècle, par Aug. Prost, membre de l'Acad.
de Metz.....

Paris, Ern. Thorin, 1876. Br. in-8. (Extrait de la *Revue de
législation ancienne et moderne, française et étrangère*, année
1876.) Toulouse, Imp. A. Chauvin et fils.

251. L'ordonnance des Maïours. Etude sur les *Institutions judiciaires à Metz, du* XIIIe siècle au XVIIe,
par M. Aug. Prost, membre de l'Acad. de Metz.

Paris, L. Larose, 1878. 1 vol. in-8. (Extrait de la *nouvelle
Revue hist. du droit français et étranger*, 2e année, 1878.)

252. Les Institutions judiciaires de la Lorraine allemande avant 1789... — Discours pron. par M. Jules
Thilloy, substitut du procureur général, à l'audience
solennelle de rentrée du 3 nov. 1864 de la Cour
impériale de Metz.

Metz, Imp. de Nouvian, 1864. 1 br. in-8.

7

253. Covstumes générales de la ville de Metz et Pays-Messin. Rédigées en suitte *(sic)* du Résultat de l'Estat tenu le 29 Novembre 1602. Et imprimées de l'Ordonnance de Messieurs du Grand-Conseil.

A Metz, par A. Fabert le jeune, l'an 1613. 1 vol. in-4.

254. Coutumes générales de la Ville de Metz et Pays-Messin. Corrigées ensuite des résolutions des trois États de ladite Ville ès années 1616, 1617 et 1618. — Avec les procès-verbaux de correction.

Metz, Jean Collignon. 1 vol. in-12. s. d.

255. Coutumes générales de la Ville de Metz et Pays-Messin..... *Autre édition.*

Metz, Jean Antoine. 1 vol. in-12.

256. Coutumes générales de la Ville de Metz et Pays-Messin..... *(Autre édition).*

Imprimées à Paris et se vendant à Metz, chez François Bouchard..... M. DC. LXXVII. 1 vol. in-8.

257. Coutumes générales de la Ville de Metz et Pays-Messin..... *Seconde édition.*

Metz, François Bouchard, 1688. 1. vol. in-12.

258. Coutumes générales de la Ville de Metz et Pays-Messin..... Enrichies d'un commentaire sur les principaux articles. Ouvrage très-utile et très-nécessaire pour l'intelligence de ces coutumes. *Seconde édition.*

A Metz, de l'imprimerie de la veuve Brice Antoine, imprimeur du Roy et marchand libraire, sous les Arcades de la place d'Armes. MDCCXXXII. 1 vol. in-8.

259. Coutumes générales de la Ville de Metz et Pays-
Messin..... (Autre édition).

Metz, veuve Brice Antoine, 1730. In-4.

260. Coutumes de l'Évêché de Metz, avec les princi-
pales de Ramberviller, Baccarat.... Nouvelle édition
augmentée de la déclaration des villes, bourgs et
villages dépendant du bailliage de l'évêché de Metz
à Vic, — distingués par Châtellenies, Bans parti-
culiers, Vaulx, Mairies ou Seigneuries notables.

A Metz, chez Joseph Collignon, imprimeur ordinaire du Roy
à la Bible d'or. 1 vol. in-12.

261. Coutumes générales de l'Évêché de Metz, com-
mentées par *M. Dilange,* conseiller au Parlement
de Metz. Enrichies d'une table raisonnée des matières
mises par ordre alphabétique.

A la Haye, aux dépens de la compagnie des libraires,
M.D.CC.LXXII. 1 vol. in-8.

262. Coutumes de l'Évêché de Metz, avec les Municipales de Ramberviller, Baccarat... Corrigées en
cette *seconde édition* de toutes les fautes qui se
sont glissées dans l'impression précédente.....

Metz, Collignon. 1 vol. in-12.

263. Traité de la différence des biens, meubles et
immeubles de fonds et de gagières, dans la coutume
de Metz. Avec un sommaire du Droit des offices,
ainsi qu'il peut être réglé dans la même Coutume
(*sans nom d'auteur, — ouvrage attribué à Joseph Ancillon, avocat à Metz*).

Metz, Brice Antoine, M. DC. XCVIII. 1 vol. in-8.

264. Les remarques d'Abraham Fabert,[*] Maître Échevin de Metz, sur les coutumes de Lorraine, de Nancy, Voges *(sic)* et Allemagne.

Metz, Claude Bouchard, 1657. In-fol.

265. Coutumes générales de la ville de Thionville et autres lieux.

Metz, Jean Antoine, 1706. 1 vol. in-12.

266. Coutumes générales de la ville de Verdun et pays Verdunois.

Metz, François Antoine. In-8.

267. Coutumes générales de la Ville et Cité, Évêché et comté de Verdun, appelées les coutumes et droits de Sainte-Croix.

Metz, Jean Antoine. In-12.

268. Droit spécial des Trois-Évêchés, par Maguin, avocat.

Metz, Rousseau-Pallez, 1862. Brochure in-8. (Extrait des *Mémoires de la Société d'archéologie de la Moselle,* 1862.)

269. Jurisprudence de la Cour royale de Metz, ou recueil des arrêts rendus par la cour de Metz, en matière civile, criminelle, commerciale......

Metz, Lamort, 1818-1827. 5 vol. in-8.

---

[*] Il est démontré que l'auteur de l'ouvrage n'est pas Abr. Fabert, mais un avocat lorrain, Florentin Thiria (*d'après M. Ch. Abel*).

270. Jurisprudence des Cours royales de Metz et de Nancy, ou recueil des arrêts rendus par les deux cours royales, en matière civile, criminelle, commerciale, de procédure et de droit public..... Par MM. Oulif, Leneveux fils et Briard fils, avocats à la Cour de Metz..... et MM. Chatillon, Volland et d'Ubexi, avocats à la cour de Nancy.

Metz, Lamort, 1833. 2 tomes reliés en 1 vol. in-8 (*la suite manque*).

271. Jurisprudence de la Cour impériale de Metz ou recueil des arrêts rendus par cette Cour, par MM. Dommanget, Ch. Abel, Poulet, Leneveux et Cailly.

Metz, S. Lamort, 1854-1869. 15 vol. in-8.

Actes du Parlement de Metz.

272. Recueil factice, contenant :
Arrêt de la Cour du Parlement contre les Jésuites, Sept. 1761. — Condamnation au feu de l'Epitome historiæ sacræ et profanæ. — Discours au roi........ — Requête du curé de Fontenoi........ — Compliment fait à la reine........ — Ode sur la maladie du roi........ — Demande de M. le Procureur général du Parlement de Metz sur l'appel comme d'abus sur les constitutions des Jésuites. Etc., etc.

Imp. à Metz. In-4 parch.

273. Décisions de plusieurs notables questions traitées en l'audience du Parlement de Metz, séant à Toul, par messire Louis Fremyn, conseiller du Roy.

Toul, Belgrand et Laurent, 1644. 1 vol. in-4.

274. Déclaration et itératives protestations du parlement de Metz ; — 28 juin 1788.

Br. in-8. Sans indication du nom de l'imprimeur.

275. Observations détachées sur les coutumes et les usages anciens et modernes du ressort du Parlement de Metz, par feu M. Gabriel, doyen et ancien bâtonnier de l'ordre des avocats au Parlement de Metz.

A Bouillon, aux dépens de la Société typographique, 1787. 2 vol. in-4.

276. Recueil factice de remontrances des Parlements de Normandie et de Metz sur divers objets.

1753. 1 vol. in-8. s. l.

277. Recueil des édits, déclarations et lettres patentes enregistrés au Parlement de Metz.

Metz, Pierre Marchal, 1774. 5 vol. in-4.

278. Recueil des principaux édits, déclarations et autres lettres patentes sur les matières de jurisprudence et de police et autres matières importantes. Registrées au Parlement de Metz depuis sa création, avec quelques arrêts de règlement tant du Conseil que du Parlement (*titre écrit à la main*).

Recueil factice comprenant 14 vol. in-4. *(avec quelques pièces manuscrites).*

279. Relation de ce qui s'est passé à l'établissement et première ouverture de la cour du Parlement de Metz et recueil factice d'édits et d'arrêts du conseil.

Metz, J. Antoine, 1633. 1 vol. in-4.

280. Table chronologique des édits, déclarations, lettres patentes et arrêts du conseil, registrés au Parlement de Metz depuis sa création jusqu'en 1740.

Metz, Fr. Antoine, 1740. 1 vol. in-4.

Chambre de Commerce.

281. Chambre de commerce de Metz. Rapport sur les travaux du conseil général de l'agriculture, des manufactures et du commerce (Session de 1850).

Metz, Lamort, 1850. In-8.

Procès, Causes célèbres.

282. Le Serin ou Mémoire du S^r. Boulanger, contre le B^{on} d'Huart, par Jussan de la Tour.

Broch. in-8. Metz, Antoine, 1786.

283. Une cause célèbre à Metz, par Ch. Abel.

Metz, Pallez-Rousseau, 1854. In-8.

284. Résumé du procès du *Courrier de la Moselle* devant la Cour royale de Metz, au sujet de l'assoc. Bretonne, 7 Janvier 1830, plaid. de MM. Dornès et Parant.

Broch. in-8.

285. Mémoire pour M. Jean-François-Baptiste Collinet, notaire honoraire et ancien juge de paix, demeurant à Gorze, demandeur contre la ville de Metz, défenderesse.

(Demande d'indemnités fondée sur des dépréciations de propriétés causées par l'établissement de l'aqueduc de Gorze à Metz.)

Metz, Imp. P. Didion, 1876. Broch. in-4.

Arrêts de la Chambre royale.

286. Recueil des arrêts de la Chambre royale établie à Metz, touchant les biens réunis aux églises des évêchés de Metz, Toul et Verdun.

1680. In-4.

287. Recueil des arrêts de la Chambre royale établie à Metz.

Paris, Frédéric Léonard, 1681. In-4.

288. Extrait des registres de la Chambre royalle (*sic*) establie à Metz.

Metz, Jean et Brice Antoine, 1681. 1 vol. in-4. (Rec. factice.)

Administration.

289. Atours et sentences des Maltôtes de la ville et cité de Metz, — (*Par Georgin de Mardigny*).

Metz, Jean Collignon, 1717. 1 vol. in-4.

290. Die Immunität von Metz von ihren Anfängen bis zum Ende des elften Jahrhunderts von H. V. Sauerland.

Metz, 1877. Deutsche Buchhandlung (Georg. Lang).

291. Statvtz et ordonnances faictz entre les seigneurs gouuerneurs de la noble et impérialle (*sic*) cité de Metz et les bourgeois (qu'on dict en langue vulgaire du païs, *le grand Atour* de la cité) par lesquelz est notoire à tous combien grande et honeste liberté ont eu du passé, les bourgeois de la dicte cité de Metz. — Il est démonstré av commencement, comment tres lourdement ont tresbuchez en leur office, ceux qui auoient le gouuernement des cytoiens (*sic*), deuant que ces statutz et ordonnances fussent faictz.

Imprimé nouuellement M.D.XLII. Petit in-8.

292. Etudes historiques sur les ordonnances publiées à Metz en 1555, par M. Cailly.

Metz, typ. de Rousseau-Pallez, 1858. Br. in-8. (Extrait des *Mémoires de la société d'archéologie et d'histoire de la Moselle.*)

293. Ordonnance de la Ville et Cité de Metz sur la poursuite et reiglement des censes.

Avdit Metz, par A. Fabert, imprimeur juré, 1599. Br. in-4.

294. Ordonnances de la ville et cité de Metz, et Païs Messin : 1. Pour la justice et police. — 2. Pour les rentes et layées à cense. — 3. Pour les pauures. — Avec tables et indices bien amples des matières contenues esdites ordonnances.

Imprimé à Metz, M.D.LXV. 1 vol. in-4.

295. Lettre patente du roy Henri IV, concernant les privilèges de la ville et Cité de Metz. — Janvier 1597.

Suivie d'un discours adressé à S. M. le roi Louis XVIII, à l'audience solennelle du 12 mai 1814, par la députation extraordinaire de la ville de Metz.

Paris, réimprimé par Brasseur aîné, 12 Mai 1814. In-4.

296. Recueil d'édits et déclarations du Roi, vérifiés et enregistrés au Parlement, depuis l'année 1633 jusqu'à 1742.

Metz, Brice Antoine, 1702-1742. 7 vol. in-4.

297. Déclarations du roi sur la bulle d'Alexandre VII, contenant le formulaire qui doit être souscrit de tous les ecclésiastiques et même des religieuses, au sujet des cinq propositons de Jansénius, enregistrées au Parlement de Metz, — et autres pièces.

Metz, Jean Antoine, 1665. 1 vol. in-4.

298. Edit du Roi, portant règlement général pour les eaux et forêts. Vérifié en parlement, 23 déc. 1669.

Metz, Jean et Brice Antoine. 1 vol. in-12.

299. Règlement fait par les Commissaires du Roi, pour la réformation des eaux et forêts des duchés de Lorraine et des prévôtés réunies aux évêchés de Metz, Toul et Verdun.

Metz, François Bouchard, 1686 et 1693. In-16.

300. Lettres patentes du Roi, portant établissement
d'une Société royale des sciences et arts dans la
ville de Metz, fondée par le Maréchal de Belle-Isle en
1760.

Metz, Jos. Antoine, 1761. 1 vol. in-4.

301. Recueil des lettres patentes, déclarations du Roi,
enregistrées au Parlement de Metz depuis 1756 jusqu'en 1762.

Metz, Joseph Collignon, 1756-1762. 2 vol. in-4.

302. Recueil d'édits, d'arrêts et déclarations du Roi,
concernant la ville de Metz.

Metz, Joseph Antoine, 1776. 3 vol. in-4.

303. Décret impérial qui approuve le règlement d'or-
ganisation de la Compagnie des Pompiers de la Ville
de Metz. (Mars 1812.)

Metz, Lamort, broch. in-8.

304. Conseil général du département de la Moselle....
Procès-verbaux des délibérations (de la session de
1838 à la session de 1869 inclusivement).

Metz, imp. successiv. chez Dosquet, Humbert, Ch. Dieu,
V. Maline. 32 vol. in-8.

305. Verhandlungen des Bezirkstages von Lothringen
im Januar 1874. Procès-verbaux des délibérations
du Conseil général de la Lorraine. Session du mois
de janvier 1874.

Metz, imp. de la Gazette de Lorraine. 1 vol. in-4.

306. Verhandlungen des Bezirkstages von Lothringen im August 1874. Procès-verbaux des délibérations du Conseil général de la Lorraine. Session du mois d'août 1874.

Metz, imp. de la Gazette de Lorraine. 1 vol. in-4.

307. Recueil administratif pour le département de la Moselle. Imprimé par ordre de M. le Préfet (du 3 janvier 1816 au 26 décembre 1868).

Metz, imp. successiv. chez Antoine, Dosquet, Humbert, Ch. Dieu et V. Maline. 38 vol. in-8.

308. Ville de Metz. Exposé sommaire des travaux de l'administration et du conseil municipal pendant la ...... période quinquennale (1855-1860), suivi de : 1º Projet de budget pour l'exercice 1862; 2º Projet de budget pour l'ex. 1863; 3º Exposé somm. des travaux de l'adm. et du cons. municip. du 14 sept. 1861 au 1er oct. 1862; 4º Exp. somm. des trav. de l'admin..., etc., du 1er oct. 1862 au 1er oct. 1863; 5º Exposé somm..., etc..., du 1er oct. 1863 au 1er nov. 1864.

Metz, imp. F. Blanc, 1860-1864. 1 vol. in-4.

309. Ville de Metz. Procès-verbaux des séances du conseil municipal (à partir du 3 déc. 1864) 1864-1876.

Metz, imp. successiv. chez Blanc, Réau, puis à l'imp. de la Gazette de Lorraine. 1865-1876. 12 vol. in-4.

310. Ville de Metz. Procès-verbaux des séances du conseil municipal (à partir du 6 janvier 1877).

Metz, 1877. Cahiers lithographiés in-4.

311. Budgets ou États des recettes et dépenses de la ville de Metz, de 1818 à 1870 (Manque l'année 1832).

Metz, imp. S. Lamort, Blanc, 1818-1870. 14 cahiers in-fol., plus 4 cah. in-4 et 3 vol. in-4.

312. Révision du budget pour 1831.

Metz, 1 cah. in-fol.

313. Dép. de la Moselle. Ville de Metz. Budgets des exercices 1868, 1869, 1870, impr. en vertu de l'article 44 de la loi des finances du 15 mai 1818 et de l'article 69 de la loi du 18 juillet 1837.

Metz, imp. F. Blanc, 1868-1870. 1 vol. in-4.

314. Ville de Metz (Moselle). Budget primitif rectifié et budget supplémentaire de l'exercice 1871.

Metz, E. Réau, 1871. 1 vol. in-4.

315. Projet du budget suppl. pour 1835, et projet pour l'exercice 1836.

Metz, S. Lamort, 1 cah. in-4.

316. Projets de budgets de la ville de Metz, de 1836 à 1870.

Metz, S. Lamort, F. Blanc, Réau, 1836-1870. 6 vol. in-4.

317. Ville de Metz. Projet de budget pour l'ex. 1877.

Metz, imp. de la Gaz. de Lorraine, 1876. 1 vol. in-4.

318. Stadt Metz. Entwurf zum Budget für das Jahr 1878. Ville de Metz. Projet de budget pour l'ex. 1878 (trad. dans les deux langues). — Idem, pour 1879-80.

Metz, Druckerei der Zeitung für Lothringen, 1877. 2 vol. in-4.

319. Comptes d'ordre et d'administration..... années 1819, 1823, 1825, 1826, 1827, 1828, 1829, 1830, 1831, 1832, 1833, 1834.

Metz, Lamort, 11 cah. in-fol.

320. Dép. de la Moselle. Ville de Metz. Compte moral et compte administratif, présentés au Conseil municipal, par le Maire de Metz, pour les exercices 1869 et 1870.

Metz, F. Blanc, E. Réau, 1870-1871. 2 br. in-4.

321. Compte moral présenté par le Maire de Metz, à l'appui du compte administratif de l'exercice 1872 ; — id. de l'exercice 1873.

Nancy, imp. E. Réau.
Metz, imp. de la Gazette de Lorraine. 2 br. in-4.

322. Conseil municipal de la ville de Metz. Commission du gaz. Rapport présenté par M. Sendret fils, secrétaire-rapporteur, à la séance du 9 mai 1872.

Metz, imp. de J. Verronnais, 1872. 1 broch. in-4.

Voyages de Souverains, ou de grands personnages.

323. Un voyage impérial il y a quatre siècles. (Extrait d'une *ancienne Chronique Messine.*)

Metz, Rousseau-Pallez, 1866. In-4.

324. Les Empereurs à Metz *.

(*Courrier de la Moselle* du 24 Septembre 1859).

---

* On pourra consulter pour les voyages et entrées de Souverains :

1° La *Bulle d'Or à Metz*, par Ch. Abel, où se trouve décrite la réception de l'Empereur Charles IV, à Metz en 1356 (*Mém. de l'Ac. de Metz*, 1871-1872).

2° *La Chronique de la venue de Charles-Quint*, *à Metz* (Manusc. 156, Bibl. de Metz , p. 120.

Voici les dates de divers passages de Souverains à Metz :

    1354. — L'Empereur Charles IV.
    1356. — L'Empereur Charles IV.
    1473. — L'Empereur Frédéric III.
    1492. — Le Roi des Romains Maximilien.
    1498. — Le Roi des Romains.
    1541. — L'Empereur Charles-Quint.
    1544. —   id.
    1546. —   id.
    1569. — Le Roi de France Charles IX.
    1603. — Le Roi Henri IV.
    1632. — Louis XIII.
    1657. — Louis XIV.
    1673. — Louis XIV et la Reine.
    1678. — Louis XIV.
    1681. — Louis XIV.

Les relations de ces passages se trouvent soit dans les vieilles chroniques soit dans les histoires plus récentes. Les autres passages ont été l'objet de relations spéciales dont le titre est mentionné ci-après.......

325. Séjour de Charles IX à Metz *, par M. Charles Abel,
membre de l'Académie des lettres, sciences et arts
de Metz.. Mém. lu à la Sorbonne dans les séances extr.
du Comité imp. et des Soc. savantes (Avril 1865).
Paris, Imp. impériale, 1876. In-8.

326. Voyage du Roy à Metz, l'occasion *(sic)* d'iceluy
ensemble les signes de résiouyssance faits par ses
Habitants, pour honorer l'entrée de Sa Majesté.
Par Abr. Fabert, 1610. In-fol. s. l. n. d.

327. Relation de l'entrée de la Reine dans la ville de
Metz, le 21 août 1725.
Dijon, Arnauld Jean-Baptiste Augé. Br. in-4.

Vers présentés à la Reine, par la jeunesse du collége
de Metz, de la compagnie de Jésus, au passage de Sa
Majesté par cette ville, 1725.
Dijon, Arnauld Jean-Baptiste Augé. Br. in-4.

328. Passage de la Reine à Metz, en août 1725 (Relation dans l'ouvrage intitulé : Journal historique du
voyage de S. A. S. Mademoiselle de Clermont depuis
Paris jusqu'à Strasbourg; du mariage du Roy et du
voyage de la Reine), par le Chevalier Daudet.
Chaalons, Bouchard, 1725. 1 vol. in-12.

329. Journal de ce qui s'est fait pour la réception du
Roy dans sa ville de Metz, le 4 août 1744, avec un
recueil de plusieurs pièces sur le même sujet etc.
Metz, Pierre Collignon, 1744. 1 vol. in-fol.

---

* Le manuscrit 155 de la bibl. de Metz contient des « *Vers à la louange
de Charles IX, faits à son entrée à Metz.* »

330. Relation officielle du voyage et du séjour de Monsieur *(depuis Louis XVIII)* à Metz et dans les Trois-Évêchés (août 1783), par C. Cailly.

Metz, Rossseau-Pallez, 1860. Br. in-8. (Extrait de l'*Austrasie.*)

331. Voyage et Séjour de *Monsieur* à Metz et dans la province des Trois-Évêchés — août 1783.

(Affiches des Évêchés et Lorraine, n°s 32, 33, 34, année 1783.)

332. Planche à tracer des travaux maçonniques des RR ∴ LL ∴ réunies des vrais amis, à l'O ∴ du Rgt de Bourbonnais, et de la Constance, à l'O ∴ du Rgt de Béarn, lors du passage du Sérénissime G ∴ M ∴ Duc d'Orléans..... etc..... 1787.

De l'imprimerie du LL ∴ V. M. DCC. LXXXII.

333. Passage de l'Empereur Napoléon Ier à Metz, le 26 septembre 1806.

(Journal du département de la Moselle et de la Meurthe.)

334. Voyage du Roi à Metz, relation militaire. (Septembre 1828.)

Metz, Verronnais, 1828. In-8.

335. Voyage du Roi dans les départemens de l'Est. Juillet 1831. (Supplément au *Moniteur.*)

Nancy, imp. d'Hœner. Br. in-8.

336. Stances à la Princesse Hélène de Mecklembourg, *(Duchesse d'Orléans)*, à son passage à Metz, le 25 Mai 1837 *(par le colonel Brosset)*.

Metz, imp. de P. Wittersheim. 1 br. in-12.

9

337. Séjour à Metz de LL. AA. RR. les Ducs de Nemours
et de Montpensier (pièce en vers par le Colonel
Brosset).

Metz, J. Mayer Samuel, s. d. In-12. (On trouvera des détails
sur le séjour à Metz, des Ducs de Nemours et de Montpensier,
dans la relation du simulacre de Siége de 1844, publiée par
M. Verronnais (n. 35 du 1er fascicule).

338. Voyage de l'Empereur à Metz et dans le départ.
de la Moselle, les 29 et 30 Septembre 1857.

Metz, Blanc, 1857. In-4.

339. Kaiserbüchlein. Erzählung von der Reise Kaiser
Wilhelm 1 durch Elsasz-Lothringen, in den Tagen
vom 1-9 Mai 1877, von Dr. Georg Horn.

Strasbourg, Schneider, 1877. 1 vol. petit in-8, avec gravures.

340. Combat d'honneur concerté par les quatre élé-
ments sur l'heureuse entrée de Madame la Duchesse
de la Valette, en la ville de Metz *. Ensemble la
resiouyssance publicq. *(sic)* concertée par les habi-
tans de la ville et du pays sur le mesme sujet (1624).

1 vol. in-f. s. l. n. d.

---

* Voir l'ouvrage intitulé : *Une restitution bibliographique pour servir à
l'histoire de l'imprimerie Mussipontaine*, par Eugène Ory, imprimeur libraire
à Pont-à-Mousson, 1878. Br. in-8.

341. Réception du Duc d'Épernon comme gouveineur de Metz *. Texte et dessins de J.-J. Boissard, découverts et publiés par Ch. Abel, président de la Société d'histoire de la Moselle.

Metz, Verronnais, 1877. In-8.

Numismatique messine.

342. Le crys des pièces d'or et monoies (*sic*) faict en la Noble Cite de Mets, l'an mil cincq cens trente et neuf (*sic*). — Auec priuilege.

Imprime en la Noble Cite de Mets auec priuilege par Jehon Pelluti libraire et Laurens Tallineau Imprimeur Demourans (*sic*) en ladicte Cite (*sic*).

Petit in-8 obl. de 0,093 dans le sens des lignes, et de 0,062 dans le sens perpend. aux lignes. 54 ff., car. gothiques, fig. en bois (1539).

343. Description de différentes médailles intéressant la ville de Metz, par Chabert.

Metz, Blanc, 1862. Br. in-8, avec planche. (Extr. des *Mémoires de l'Acad. de Metz.*)

344. Catalogue des monnaies municipales et médailles messines de la collection de la ville, par Victor Jacob.

Metz, typog. Rousseau-Pallez, 1866. 1 vol. in-8.

---

* On pourra consulter aussi sur le même sujet, l'*Austrasie*, entrée du Duc d'Épernon à Metz T. 3, p. 73.

345. Mémoire sur le franc de Metz, et ses deux divisions, le demi-franc et le quart de franc.... par Chabert.

Metz, Rousseau, 1855. Br. in-8.

346. Traité de la Monnoye (*sic*) de Metz, avec un tarif de sa réduction en monnoye de France, par M. le Noble, procureur général au parlement de Metz.

A Paris, en la boutique de P. Rocolet. — Chez Damien Fovcavlt, imp. et lib. ord. du Roy.... M. DC. LXXV. 1 vol. in-12.

347. Tableau de la monnoye (*sic*) de Metz.

Metz, J.-B. Collignon, imprimeur de la Monnoye... M. DCC. LXXIII. 1 vol. in-4 avec gravures.

348. Recherches sur les monnaies de la cité de Metz, par M. de Saulcy.

Metz, S. Lamort, 1836. In-8 (ext. des *Mém. de l'Acad. de Metz*, 1835-36). Planches lith. par Dupuy.

349. Recherches sur les monnaies et les jetons des Maîtres-Echevins de Metz * et description de jetons divers, par Ch. Robert.

Metz, Nouvian, 1853. In-4. 6 planches gravées.

---

* Voir la Description d'une monnaie échevinale de Metz, par G. Boulangé (*Mém. de l'Acad. de Metz*, 1851-52, 1re partie).

350. Mélanges de numismatique messine... par F. Chabert. (Monnaie de Thierry Ier, Thalers messins... etc.....)

Metz, Blanc, 1857. Br. avec dessins. (Extr. des *Mém. de l'Acad. de Metz*, 1856-57.)

351. Note sur une trouvaille de monnaies épiscopales, à Longeville-lès-Metz, par F.-M. Chabert.

Metz, Pallez-Rousseau, 1853. Br. in-8. (Extr. de l'*Austrasie.*)

352. Monnaies des Évêques de Metz (Notice sur la trouvaille faite à Kerling-lès-Sierck), par F. Chabert.

Metz, Pallez-Rousseau, 1853. Br. in-8. (Extr. de l'*Austrasie.*)

353. Recherches sur les monnaies des Évêques de Metz *, par Fél. de Saulcy.

Metz, Lamort, 1833. In-8. (Ext. des *Mém. de l'Ac. de Metz.*) Planches lith. par Dupuy.

354. Découvertes numismatiques faites aux environs de Metz, en 1853... par Chabert.

Metz, Rousseau-Pallez, 1854. In-8. (Extr. de l'*Austrasie.*)

355. Etudes numismatiques sur une partie du Nord-Est de la France, par Ch. Robert.

Metz, Nouvian, 1852. 1 vol. in-4.

---

* Voir le supplément aux *Recherches sur les monnaies des évêques de Metz*, par Fél. de Saulcy. (*Mém. de l'Acad. de Metz*, 1834-35)

356. Sceaux des archives de la Préfecture du département de la Moselle (par M. Georges Boulangé).

(Sceaux de Conrad I, évêque de Metz, et de Simon, abbé de Gorze.)

Metz, Imp. de Jules Delhalt, Roy et Thomas, 1858. Br. in-8.

357. Sceau de saint Thiébaut de Metz, communication de M. H. Beaune, à la Société des Antiquaires de France. — Observations de M. A. Prost.

P. 81. du 4e volume de la 4e série des *Mémoires de la Société nationale des Antiquaires de France*, 1873.

358. Sceaux des archives de la Préfecture du département de la Moselle (par M. Georges Boulangé).

(Description des Sceaux de Henri II, empereur d'Allemagne; de Henri III, emper. d'Allemagne; de Bertram, évêque de Metz.)

Metz, imp. de M. Alcan, 1857. 1 broch. in-8.

359. Description et gravures de médailles commémoratives de plusieurs événements intéressant la ville de Metz... par Chabert.

Metz, Blanc, 1858. Br. in-8 (Extrait des *Mém. de l'Acad. de Metz*, 1857-58.)

360. Bulle d'or de l'Empereur Charles IV (par M. Georges Boulangé).

Nancy, A. Lepage (1857). Broch. in-8, avec planche lith. par L. Christophe, à Nancy. — « Les Archives de la ville de Toul, contiennent un diplôme en parchemin, de l'an 1367, portant confirmation et augmentation des priviléges de la cité de Toul, par l'Empereur Charles IV : ce diplôme est encore muni du sceau ou de la Bulle d'or, qui y avait été appendue. » — Voir sur le même sujet un article de M. A. Dufresne, publié en 1854, dans l'ouvrage intitulé : *Metz littéraire*.

361. Notice sur le Sceau d'or, apposé par François, duc de Guise, défenseur de la cité de Metz..... au bas du brevet parchemin donné.... aux Religieux de l'Abbaye Saint-Arnould....... par Chabert.

Metz, Verronnais, 1849. In-8.

362. Monnaie de Gorze, sous Charles de Rémoncourt, et circonstances politiques dans lesquelles elle a été frappée, par Charles Robert.

Metz , imp. Nouvian. — Paris, Rollin et Feuardent , 1870. In-4 de 16 p. avec 2 planches.

Archéologie Messine.

363. Antiquités médiomatriciennes, monuments trouvés en 1822, à l'anc. Citadelle de Metz, par L. Devilly.

Metz, Lamort, 1823. Broch. in-8, avec planches.

364. Antiquités de Metz (Recueil factice).

Registre in-fol. contenant des vues de Metz et des environs, tirées d'un vol. in-fol. intitulé : Topographie française, ou représentation de plusieurs villes, bourgs, châteaux, ruines et vestiges d'antiquités du royaume de France, dessinés par Claude Chastillon. Paris, 1641 et 1647.

365. Antiquités trouvées à Metz (Notes sur des) par Victor Simon, conseiller à la Cour, membre tit. de l'Acad. de Metz.

Metz, F. Blanc, br. in-8. (Ext. des *Mém. de l'Acad. de Metz,* 1834-35, 1838-39, 1859-60.) — M.-Victor Simon a beaucoup écrit sur l'Archéologie du pays. Voir les tables de l'Acad. de Metz (p. 177), dressées par M. Thilloy.

366. Therme , à Metz (Origine probable du placement des pierres antiques incrustées dans la pile du moulin du), par F.-M. Chabert.

Metz, imp. F. Blanc, 1858. Br. in-8. (Extr. des *Mém. de l'Acad. de Metz.*)

367. Musée médiomatricien, par Em. Bégin.

Metz, Verronnais, s. d. Br. in-8.

368. Un monument de Divodurum, par J.-F. Soleirol, chef de bataillon du génie en retraite.

Metz, Blanc, 1859. Br. in-8. (Extrait des *Mém. de l'Académie de Metz,* 1858-59.)

369. Bas-relief carlovingien trouvé à Metz (description) par M. Georges Boulangé.

Metz, typog. de Rousseau-Pallez , 1857. — Broch. in-8, avec 1 fig. dans le texte et 1 planche lithographiée.

370. Notice sur les bas-reliefs du XVIe siècle, qui se voient près de la porte des Allemands de la ville de Metz, par F. Chabert.

Metz, Blanc, 1856. Broch. in 8. de 8 p. avec gravures. (Extr. des *Mém. de l'Acad. de Metz.*)

371. Deux bas-reliefs Gaulois du Musée de Metz , par M. Ch. Abel.

Nancy, imp. E. Réau, 1873. (Extr. des *Mém. de l'Académie de Metz.*) Broch. in-8.

372. Bas-relief, découvert en 1856 (Note sur un), par
V. Simon.

Metz, Blanc, 1858. Br. in-8 (extr. des *Mém. de l'Acad. de Metz,*
1857-58).

373. Mémoire historique sur la place de Metz, par le
Colonel du génie Parnajon..... avec le croquis des
deux premières enceintes fortifiées de cette ville.

Congrès archéologique de France, vol. publié à Paris, chez
Derache, en 1847. In-8.

374. Revue monumentale de la ville de Metz, par
M. le Chevalier Joseph Bard.

Gazette de Metz des 17 et 22 juillet 1846.

375. Notice sur Metz et ses monuments.

Vœu national du 21 octobre 1853.

376. Institut des provinces de France, Assises scien-
tifiques tenues à Metz, en juillet 1854. — Compte
rendu des séances, par M. Georges Boulangé,
secrétaire.

Metz, imp. de Rousseau-Pallez. In-8.

377. Catalogue de la Galerie archéologique (de Metz),
rédigé par Lorrain, conservateur, — précédé d'une
Notice hist. par M. Ch. Abel.

Metz, Verronnais, 1874. 1 vol. in-8.

378. La Cathédrale de Metz. — Rapport lu par M. le chevalier Joseph Bard, au Congrès archéologique de Metz, au mois de juin 1846.

Gazette de Metz des 5 et 7 juin 1846.

379. La Cathédrale * du côté de la place d'Armes, (Dégagement de). Réponse à la brochure de M. Aug. Prost, par J. Racine, architecte diocésain.

Metz, Nouvian, 1860. Br. in-8 de 12 p.

380. Du dégagement de la Cathédrale de Metz, du côté de la place d'Armes. Réponse à la brochure de M. Auguste Prost, sous le titre de: Portail de la Cathédrale et la décoration de la place d'Armes.

(*Moniteur de la Moselle* du 20 janvier 1860.)

381. La Cathédrale ** et les Arcades, discussion à la Société d'Arch., par MM. Prost, Racine.

Metz, 26 janvier 1860. Rousseau-Pallez. In-8.

382. Notice sur la Mutte ***, par Chabert.

(*Vœu national* du 17 novembre 1852.)

---

* Voir les nos 88, 89, 90... etc. du 1er fascicule du Catalogue, p. 17.

** On pourra consulter les articles suivants :
Cathédrale de Metz (Rapport sur la), par Bégin (*Mém. de l'Acad. de Metz,* 1838-39).
Cathédrale de Metz (Rapport sur les les travaux de la). (*Mém. de l'Acad. de Metz,* 1837-38).
Cathédrale de Metz (Projet d'un Orgue pour la), par Emy et Soleirol (*Mém. de l'Acad. de Metz,* 1841-42).

*** Voir le no 92 du 1er fascicule, p. 18 : *Recherches hist. sur la Tour et la Cloche de Mutte*..... par V. Jacob..... 1 vol. in-8, 1864.

383. Notice historique sur la porte Serpenoise, par Al. Huguenin.

Metz, S. Lamort, 1851. Br. in-4 extr. de l'*Union des Arts*, 16 p.

384. Notice sur l'ancienne porte Serpenoise, par Chabert.

Vœu national du 15 octobre 1852.

385. Principaux ponts de Metz, au Moyen-Age.... par Raillard, ingénieur des ponts et chaussées.

Metz, F. Blanc, 1864. In-8 (extr. des *Mém. de l'Acad. de Metz*, 1863-65).

386. Mémoire de tout ce qui s'est passé à la démolition du lieu où est la Citadelle, et les lieux du retran-chement de Guise, et la place Saint-Jacques, comme aussi des *autours* de Metz (*sic*), précédé d'une notice et accompagné de notes authentiques, par F.-M. Chabert.....

Metz, Rousseau-Pallez, 1864. Br. in-8.

387. La Haute-Pierre, par Charles Abel.

Metz, Salzard, 1851. (*Union des Arts*, t. 1.)

388. Le Charnier de Saint-Simplice, — par Victor Lacroix.

Vœu national des 17, 20 et 24 juillet 1853.

389. Histoire de l'Hôtel de Gargan, situé en Nexirue, à Metz, par Alphonse Bremond.

Metz, Ch. Thomas. 1878. Br. in-8.

390. Notice sur l'Arsenal d'artillerie de Metz, par de Bouteiller, capitaine d'artillerie.

Metz, Blanc, 1858. Br. in-8. (Extr. des *Mém. de l'Ac. de Metz* 1857-1858). — On trouvera aussi une Notice sur l'Arsenal d'artill. de Metz, *Courrier de la Moselle* du 24 févr. 1859.

391. Les Rues de Metz, — histoire et monuments, — par F.-M. Chabert *.

Metz, Rousseau-Pallez, 1858. In-8.

392. Rues de Metz (Article sur les dénominations des), par le docteur Huhn.

Allgemeine Zeitung, n° du 17 Mai 1875.

393. Rues de Metz. — Vocabulaire topographique, par F.-M. Chabert.

Metz, F. Blanc, 1863. In-8. (Ext. des *Mém. de l'Ac. de Metz,* 1862-63).

' Sur les rues de Metz, on pourra consulter les articles suivants :
Etymol. du nom de qqs. rues de Metz, par J. Clercx (*Mémoires de l'Acad. de Metz,* 1847-48).
Chronique de qqs. rues de Metz, par Munier (*Mém. de l'Acad. de Metz,* 1844-45).
Rues de Metz (collection de l'*Austrasie*).

394. Rues, places et ponts de la ville de Metz (Dictionnaire topog. histor. et étym. des), par F.-M. Chabert, 3e édition avec plan.

Nancy et Saint-Nicolas, typ. de N. Collin, 1878. In-8.

395. Hôpital Saint-Nicolas, au Moyen-Age * (Mémoire hist. sur l'), par Lorédan Larchey.

Metz, Lamort, 1854. In-8.

396. Hôpital St-Nicolas de la ville de Metz (Notes pour servir à l'histoire de l'), par F. Chabert.

Paris, A. Leclerc, 1856. Br. in-8.

396 *bis*. Metz Romain, par V. Simon.

Metz, Lamort, 1854. In-8 (extr. de *Metz littéraire*).

397. Metz au Moyen-Age par M. Georges Boulangé.

Metz, imp. de Rousseau-Pallez, 1856. 2 broch. in-8 (extr. de l'*Austrasie*).

398. Description de Metz faite il y a cent ans **.

Courrier de la Moselle du 21 Janvier 1858.

399. St-Livier (Souvenir de l'Hôtel), par de Bouteiller.

Metz, Rousseau-Pallez, 1862. In-8 (extr. de l'*Austrasie*).

---

* Voir aussi sur l'Hôpital St-Nicolas une série d'articles publiés dans l'*Indépendant de la Moselle* du 9 Mars au 13 Novembre 1867, par M. Ch. Rousselle.

** Sur Metz, il y a quelques siècles, — on lira avec intérêt l'article suivant : Note sur un voyage à Metz, fait à la fin du XVIe siècle, traduite du latin de Jodocus Sincerus, par M. de Bouteiller. (*Mém. de la Soc. d'Arch*, 1860)

400. Saint-Eucaire de Metz (L'église). Son histoire, par Louis Barthélemy.

Metz, 1864. In-4.

401. Notre-Dame de Metz (Histoire et description de l'église), par F.-M. Chabert.

Metz, Lecouteux, 1852. 1 vol in-12.

402. Saint-Martin de Metz (L'église), par Georges Boulangé.

Metz, Lamort, 1851. In-8 (ext. de l'*Union des Arts*).

403. Saint-Maximin (Examen des peintures et des décorations murales de l'église), par Veyland.

Metz, Mayer-Samuel, 1852. In-12.

404. Sainte-Ségolène (Notice historique sur), par M. A. Huguenin.

Metz, Pallez-Rousseau, 1859. In-8 (extr. des *Mémoires de la Société d'Archéol. de Metz*).

405. Saint-Vincent de Metz (Notice sur l'église), 1248-1869, par Ch. Rousselle.

Metz, *Indépendant* des 7, 12, 21 et 28 octobre 1867 *.

---

* Sur les Monuments religieux de Metz, on devra consulter aussi le 1er fascicule du n° 88 au n° 107, pages 17 à 21.

Notices historiques ou archéologiques sur les localités voisines de Metz [*].

406. Albestroff, siége d'une Chàtellenie de l'Évêché de Metz, par Aug. Prost, membre de l'Acad. de Metz.

Metz, Rousseau-Pallez, 1861. Br. in-8 (extr. de l'*Austrasie*, 9e vol.).

407. Amelange près Metz (Notice sur), par Emm. Michel.

Metz, Dembour, 1851. Br. in-8.

408. Ancy (Notice sur l'église d'), par M. l'abbé Perrin, curé de cette paroisse.

Metz, typ. de Dembour et Gangel. In-8.

408 *bis.* Antiquités Celtiques et Gallo-Romaines du département de la Moselle, par M. Georges Boulangé, membre de l'Institut des provinces.... (Extrait de l'*Austrasie*, revue de Metz et de Lorraine.)

Metz, typ. de Pallez et Rousseau, 1853. Broch. in-8 avec une planche contenant les articles suivants : le *Breitenstein*, le *Dreipeterstein, Lembert,* le *Pompœserbronn*, le *Ring d'Huspels-cheidt, Antiquités romaines du Nass-Wald, Antiquités romaines trouvées à Baslieux, Bas-relief romain trouvé à Cutry. — Objets antiques trouvés dans les déblais du chemin de fer de Metz à Thionville.*

---

409. Aqueduc romain dit Arches de Jouy (Rapport sur l'), par MM. Soleirol et V. Simon *.

Metz, S. Lamort, 1838. Br. in-8 (extr. des *Mém. de l'Ac. de Metz*, 1837-38).

410. Ars-sur-Moselle. — Notice sur d'anciennes constructions existant sur le territoire de la commune d'A.-s.-M., dans un bois près de la plaine de Geai, par V. Simon.

Metz, Dembour et Gangel, s. d. Br. in-8.

411. Bitche (Histoire de l'ancien comté de), depuis 1000 jusqu'en 1852, et statistique du canton de Bitche (Moselle)..... par P. Creutzer.

Metz, Warion, 1853. In-8.

412. Bitche (Excursion archéologique dans le pays de). — La main du prince, — par M. Georges Boulangé.

Metz, imp. S. Lamort, 1854. Broch. gr. in-8 (extr. de *Metz littéraire*).

413. Bitche (Les ruines du comté de), par Jules Thilloy.)

Metz, Blanc, 1862. Br. in-8 (extr. des *Mém. de l'Ac. de Metz*).

414. Bitche (Le siége de), par Dalsème.

Paris, Dentu, 1878. 1 vol. in-12.

---

* Voir le n° 430 bis, et les indications bibliographiques correspondantes.

415. Bonne-Fontaine (Urville et la), causerie d'archéol.
judiciaire, par Ch. Cailly, avocat, docteur en droit.

Metz, Rousseau-Pallez. Br. in-8 (extr. du *Bull. de la Société
d'Archéol. et d'Histoire de la Moselle*, séance du 12 Juillet 1860).

415 *bis.* Bouzonville (Les sépultures lorraines à), par
M. Georges Boulangé.

Metz, Rousseau-Pallez, 1855. Broch. in-8 avec planches.

416. Briey (Origines de la commune et de sa charte
d'affranchissement), par Charles Abel, docteur en
droit, président de la Société d'Archéologie de la
Moselle, membre de l'Académie de Metz.... etc.

Metz, imp. de J. Verronnais, 1876. In-8.

417. Caner (Promenade archéologique dans la vallée
de la), par M. Georges Boulangé.

Metz, Rousseau-Pallez, 1856. Br. in-8 avec planches.

418. Caranusca, — Elzing. — Recherches sur l'em-
placement de Caranusca et notice sur les antiquités
découvertes à Elzing, par Gérard.

Metz, Lamort, s. d. In-8. (Extr. des *Mém. de l'Acad. de Metz,*
1845-46.)

419. Chambley (Notice historique sur), par Gaston
de Faultrier.

Metz, Rousseau-Pallez, 1866. Br. in-8. (Extr. des *Mém. de la
Société d'Archéol. de la Moselle.*)

11

420. Châtel-Saint-Germain , par E. de Bouteiller, ancien capit. d'artillerie.

Metz, Pallez-Rousseau, 1867. In-8. (Extr. des *Mém. de la Soc. d'Archéol.*, 1867.)

421. Cheminot * (Villa romaine dans la forêt de), par V. Simon.

Metz, Rousseau, 1864. Br. in-8. (Extr. des *Mém. de la Soc. d'Arch.*, 1864.)

422. Colombey (Notice historique sur l'église et le château de), par M. Charles Abel, ancien avocat, docteur en droit.....

Nancy, E. Réau, 1876. Br. in-8. (Extr. des *Mémoires de l'Acad. de Metz.*)

423. Conflans-en-Jarnisy (Histoire de l'ancienne châtellenie et prévôté de), par Clesse, notaire honoraire.

Verdun, Laurent, 1872. 1 vol. in-8.

424. Cons-la-Grandville. — Ancerville *. — Les châteaux de la Moselle, notes archéologiques, par G. Boulangé, membre de l'Institut des provinces, etc. (Extrait de *l'Austrasie*, revue de Metz et de Lorraine.)

Metz, typ. de Rousseau-Pallez, 1855. 2 broch. in-8, 1re broch. : *Cons-la-Grandville* ; 2e broch. : *Ancerville.*

---

* Voir le n° 441.

** M. V. Vaillant a publié en 1876 un ouvrage ayant pour titre : *Le Château d'Ancerville*, récit messin du XVe siècle.

425. Corny (Les environs de), par V. Simon.

Metz, Rousseau-Pallez, s. d. In-8.

426. Ennery (Notice sur), par E. de Bouteiller.

Metz, Rousseau-Pallez, 1865. Br. in-8.

427. Forbach (Promenades archéol. aux environs de), par Raymond Dupriez, membre de l'Académie de Metz et de l'Institut histor. R. G. D. de Luxembourg.

Metz, imp. Ch. Thomas, 1877. Broch. in-12.

428. Frauenberg, village de l'arrond. de Sarreguemines, par J. Thilloy.

Metz, Rousseau, 1865. Br. in-8 (extr. des *Mém. de la Soc. d'Archéol.*, 1865.)

429. Frescati (Le château de), esquisse par Alfred Toutain.

Metz, Pallez-Rousseau, 1853. Br. in-8 (ext. de l'*Austrasie.*)

430. Gorze (Histoire de la ville et du pays de), depuis les temps les plus reculés jusqu'à nos jours, par Nimsgern.

Metz, Dieu et Maline, 1853. In-8 avec gravures.

430 *bis.* Gorze à Metz (Notice sur l'aqueduc romain de), par V. Simon *.

Metz, S. Lamort, 1842. Br. in-8 (extr. des *Mém. de l'Acad. de Metz*, 1841-42).

---

* Voir sur le même sujet le n° 409 du présent Catalogue ; — consulter aussi : 1° *Notice sur l'Aqueduc de Gorze*, par Victor Jacob (*Austrasie*, t. 13,

431. Gorze (Notice sur une statuette trouvée près de), par V. Simon.

Metz, F. Blanc, 1858. Br. in-8 (extr. des *M. de l'Ac.*).

432. Gorze au Moyen-Age. — Légende....... par Louis Delaguepierre.

Briey, veuve Branchard, 1854. In-8.

433. Grœffinthal (La vierge de), souvenir des bords de la Sarre, par M. Charles Abel.

Metz, typ. de Rousseau-Pallez, 1856. Broch. in-8 (ext. de l'*Austrasie*).

434. Hakenberg (le) — Recherches historiques sur le canton de Metzervisse, arrond. de Thionville, — par le comte de Puymaigre.

Metz, Rousseau-Pallez. Br. in-8 (ext. de l'*Austrasie*, 1853).

435. Hiéraple (Notice sur le), par Victor Simon.

Metz, S. Lamort, 1841. In-8 (extr. des *Mém. de l'Acad. de Metz*, 1840-41.

---

p. 19, 65, année 1854). — 2° *Les Sources de Gorze et les Romains*, par Victor Lacroix (*Moniteur de la Moselle* du 23 Août 1866). — 3° *Histoire de Metz*, par les Bénédictins, tome 1er, p. 130. — 4° Publications de la Société d'Archéologie de la Moselle. Articles divers.

435 *bis.* Le Hiéraple *. — Notices sur les voies romaines du Hiéraple à Bousbach, Saint-Arnual et Gersweiler..... par Raymond Dupriez.

Metz, Ch. Thomas, 1877. Br. in-8.

436. Hombourg-l'Évêque (Étude sur l'histoire de la ville et de la collégiale de), par Raymond Dupriez.

Metz, Béha, 1876. 1 vol. in-8 autog.

437. Lettres et notices d'archéologie, de numismatique, de topographie gallo-romaine et d'histoire, par M. l'abbé Ledain, prêtre, ancien directeur du pensionnat secondaire de Sarralbe, membre de l'Académie impériale de Metz. Nouvelle édition revue et augmentée.

Metz, Nouvian, 1869. 1 fort volume in-4.

438. Longeville-lès-Saint-Avold (les abbés réguliers du monastère de), par Raymond Dupriez, membre de la Société d'archéologie lorraine...

Metz, Ch. Thomas, 1877. 1 broch. in-8.

449. Longwy (Histoire de). — Suivie de considérations relatives à l'industrie et au commerce de cette ville, et de notices biographiques..... par M***.

Metz, Verronnais, 1829. 1 vol. in-8.

---

* Voir dans l'*Austrasie*, t. 1er, p. 57, une notice sur le Hiéraple, par Emm. d'Huart, et dans les *Mém. de l'Acad.* de *Metz*, année 1828-1829, un article de M. Altmayer sur le même sujet.

440. Lorraine-Allemande. — Deutsch-Lothringen. Landes-Volks-und Ortskunde von Dr E. H. Th. Huhn mehrer gelehrten Gesellschaften und vereine Mitglied, Ehrenbürger, etc.

Stuttgart, Verlag der J. G. Cotta'schen Buchhandlung. 1875. 1 vol. in-8.

441. Louvigny et Cheminot * (Note sur), par Henry Maguin, docteur en droit.

Metz, Rousseau-Pallez, 1861. Br. in-8.

442. Mainville (arrondissement de Briey), — Note sur quelques antiquités découvertes à M........ par M. de Saulcy, lieutenant d'artillerie.

Caen, imp. de T. Chalopin, 1834. In-8.

443. Mars-la-Tour (Notice sur la collégiale de), par P. de Mardigny, Ingénieur des ponts et chaussées.

Metz, Rousseau, 1853. Br. in-8.

444. Mardigny (Notice historique sur), par Durand de Distroff.

Metz, Rousseau-Pallez. Br. in-8 (ext. des *Mém. de la Société d'Archéol. de la Moselle,* 1868).

445. Metz et ses environs. Notices, par V. Simon.

Metz, Lamort puis Blanc, 1841-1843-1856. 3 br. in-8 (ext. des *Mém. de l'Acad. de Metz*).

---

* Voir le n° 421,

446. Monuments anciens existant dans le dép. de la Moselle (Rapports sur les), par V. Simon.

Metz, S. Lamort, 1838. Br. in-8.

446 *bis.* Moselle (Documents archéol. sur le département de la), par V. Simon.

Metz, Rousseau-Pallez, s. d. Br. in-8.

447. Moselle (Épigraphie de la). Monuments élevés aux Dieux, — par Robert, intendant général.

Br. in-4 accompagnée de 3 planches portant les indications : Photogravure Dujardin, procédé Garnier. Imp. Cardon jne, Paris. — 1er fascicule publié.

448. Moselle (Notes pour servir à la Statistique monumentale du départ. de la), par M. Georges Boulangé, membre de l'Institut des provinces, de l'Académie nationale de Metz...... etc.....

Metz, imp. successiv. chez Lamort, Pallez et Rousseau, Blanc, 1851-1855. 8 broch. in-8.

449. Moselle (les Voies romaines dans le département de la). Mémoire lu à la Société d'archéologie et d'histoire de la Moselle, par Ch. Abel, avocat, docteur en droit.

Metz, typ. de Rousseau-Pallez, 1859. Broch. in-8 (ext. des *Mém. de la Société d'Archéol. et d'Histoire de la Moselle*).

450. Moselle (Le dit des trois morts et des trois vifs dans le département de la), par Ch. Abel, docteur en droit.

Metz, Pallez-Rousseau, 1866. Broch. in-8 avec planche lithog. (ext. des *Mém. de la Soc. d'Archéol. de la Moselle*).

451. Nennig (Une visite à la Mosaïque romaine de), par Georges Boulangé, ingénieur des ponts.....

Metz, typ. de Rousseau-Pallez, 1854. Br. in-8 (ext. de l'*Austrasie*, revue de Metz et de Lorraine).

452. Notices archéologiques, par V. Simon.

Metz, F. Blanc, 1860. Br. in-8 (ext. des *M. de l'Acad. de Metz*).

453. Orne (Les bords de l'), par A. Durand de Distroff.

Metz, Rousseau-Pallez, 1864. Br. in-8 (ext. des *Mém. de la Société d'Archéol. de la Moselle, 1864.*

454. Ottonville. — Notes historiques et archéologiques sur le département de la Moselle. — Ottonville. Le manuscrit d'Henri Champlon. — L'idole de Beuvillers, etc., par Georges Boulangé, membre de l'Institut des provinces, etc.

Metz, typ. de Pallez et Rousseau, 1854. Broch. in-8 (ext. de l'*Austrasie*, revue de Metz et de Lorraine).

455. Plantières et Queuleu (Mémoire historique sur), avec plans de l'église en construction, par F.-M. Chabert.

Metz, Maline, 1861. Br. in-8.

456. Plantières (Notre-Dame de Bon-Secours de),
par Chabert.

Metz, Nouvian, s. d. In-12.

457. Pays-Messin et Lorraine. — Recueil de disserta-
tions, mémoires et notices archéologiques, concer-
nant la Lorraine et *particulièrement le Pays-
Messin*, avec gravures, plans, etc., par MM. Bégin,
Dufresne, C. Dutreux, E. d'Huart, de Saint-Contest,
Emmery, E. Michel, V. Simon, etc., etc.

Metz, de l'imp. Dembour et Gangel, s. d. 2 vol. in-8.

458. Pays-Messin. — Études historiques sur les coutumes du Pays-Messin (Trimazos, feux de la St Jean,
etc.), par Ch. Abel, docteur en droit.......

Metz, Rousseau-Pallez, 1853, broch. in-8 (extr. de l'*Austrasie*,
t. 12).

459. Rodemack, petite ville du département de la
Moselle (Notice historique sur), par Ch. Abel, avocat.

Metz, Pallez-Rousseau, 1861. Br. in-8 de 23 p. (ext. de
l'*Austrasie*).

459 *bis.* Rodemack (Combat de). — Campagne des
Cent-Jours. — Notice historique par le Comman-
dant Prugneaux.

Toul, Aug. Bastien, 1858. Br. in-8.

460. Rabas (Souvenir d'une excursion à la chapelle de), par M. Auricoste de Lazarque.

Metz, H. Étienne. Cahier lithog. in-4.

461. Rémilly (Notice sur le village de), par Ch. Abel.

Metz, Rousseau-Pallez, 1860. Broch. in-8, 32 p. (extr. de l'*Austrasie*).

462. Le Sablon (Notice sur le), et sur les sépultures qui y ont été découvertes, par V. Simon.

Metz, S. Lamort, 1849. Br. in-8 (ext. des *Mém. de l'Acad. de Metz*).

462 *bis*. Sablon (Notice sur des sépultures découvertes au), par V. Simon.

Metz, F. Blanc, 1856. In-8 (ext. des *M. de l'Acad. de Metz*).

463. Sablon (Rapport sur des fouilles faites au) par M. Ismeur, — par V. Simon.

Metz, F. Blanc, 1858. Br. in-8 (ext. des *M. de l'Ac. de Metz*).

464. Le Sablon (près Metz), — études historiques sur St Clément, par Ch. Abel, avocat.

Metz, Rousseau, 1858. Br. in-8 de 22 p. (ext. de l'*Austrasie*).

465. Sablon. — Grotte de Saint Clément. — Notice historique, par Bach.

Metz, typ. Rousseau-Pallez, 1869. *Mém. de la Soc. d'Arch.* In-8.

466. Saint-Quentin (Promenade à la côte St-Q....., à
Scy, Chazelles, Lessy, Châtel-saint-Germain, la
route romaine, Rozérieulles, Sainte-Ruffine et
Moulins), par V. Simon.

Metz, Rousseau-Pallez, 1861. In-8 (ext. du *Bull. de la Société
d'Archéol. et d'Hist. de la Moselle*).

467. Saint-Quentin (Notice historique sur le mont,)
par Ch. Abel, avocat.

Metz, Rousseau, 1861. Br. in-8 (ext. de la *Revue d'Austr.*).

468. St-Quentin (le Calvaire du mont) par l'abbé Pierre.

Metz, Rousseau-Pallez, 1859. Br. in-12.

468 *bis.* Saint-Quentin (Notice histor. sur la chapelle
du mont), par Olivier Hallez d'Arros.

Metz, Rousseau, 1861. Br. in-8.

469. Saint-Avold (Histoire de) et de ses environs,
depuis la fondation de la ville jusqu'à nos jours,
par Philippe Bronder. — Ouv. orné de 4 photog.

Metz, typ. de Nouvian, 1868. In-8.

470. Sarralbe (Aperçu géologique — et statistique historique, industrielle et agricole du canton de), par
P. Creutzer.

Metz, Warion, 1851. In-8.

471. Sturzelbronn (Nouvelles recherches sur), par M. Georges Boulangé.

Metz, imp. Rousseau-Pallez, 1855. Broch. in-8. Planche lith. par Etienne.

472. Thionville (Histoire de), — suivie de divers mémoires sur l'origine et l'accroissement des fortifications, les établissemens religieux et de charité.... par G.-F. Teissier.

Metz, Verronnais, 1828. 1 vol. in-8 orné d'une vue du Pont-Couvert, lith. par Dupuy.

473. Thionville (Feuquières devant), par Ch. Abel, avocat.

Metz, Lamort, 1854. Broch. in-8 (ext. de *Metz littéraire*).

474. Thionville. — Journal hist. du blocus de Thionville en 1814, — et de Thionville, Sierck et Rodemack, en 1815, contenant qqs détails sur le siége de Longwy, rédigé sur des rapports et mémoires communiqués par M. A.-An. Alm**, ancien officier d'état-major au gouv. de Madrid.

Blois, P.-D. Verdier, 1819. 1 vol. in-8. Sur le 1er titre se trouve écrit: *Le Général Hugo à son vieil ami Herbin*.

475. Thionville (Promenade archéologique sur le chemin de fer de), par M. Ch. Abel.

Metz, typ. de Rousseau-Pallez, 1856. Broch. in-8 (ext. de *l'Austrasie, revue de Lorraine*).

476. Vallée de la Moselle (Les Russes dans la), par Ch. Abel , avocat.

Metz, Rousseau-Pallez, 1856. Br. in-8 (ext. de l'*Austrasie*).

477. Westrich (le). — Notes sur la Lorraine Allemande, par Louis Benoît.

Nancy, Lepage, s. d. In-8.

477 *bis*. Woippy (Hist. du vill. de)..., par Nérée Quépat.

Saint-Étienne, imp. Théolier fr., 1878. 1 vol. in-8.

Note. — Pour tout ce qui concerne les localités du Pays-Messin, on pourra consulter les publications périodiques des diverses Sociétés messines, les revues , les journaux et les dictionnaires topog. et statistiques , de MM. Verronnais, de Bouteiller, etc.

Linguistique et Patois Messin.

478. Almanach * Mosellan (petit), 1876, — français et patois lorrain , par *Chan Heurlin*.

Strasbourg , G. Fischbach , 1876. Petit in-8.

479. Bétomme (lo) don p'tiat fei de Chan Heurlin, de Vreumin , par D. Mory, de Metz. — Appendice au poème en sept chants , suivi de Les Trimazos **.

Nancy, imp. de L. Vincent, s. d. In-8.

---

* Voir à la suite les titres commençant par le mot *Ermoneck*.

** Voir sur le même sujet des *Trimazos* une « Étude de M. Ch. Abel sur les anciennes coutumes du Pays-Messin » et le Roman messin de M. J.-C.-F. Ladoucette, intitulé : « *Robert et Léontine*, » pages 38, 39.....

480. Bruilles (les), poëme patois messin.

Sans lieu ni date. Édition ancienne incomplète et s'arrêtant vers le milieu du 5e chant. Br. in-8 de 48 p.

481. Bucaliques messines (les), pièces queuriouses don temps pessé, dont temps preusent, per D. M***, aut[r] de p'tiates Comédies, de p'tiats Ermoneks, etc.

Metz, Verronnais, 1829. In-8.

482. Chan Heurlin ou les Fiançailles de Fanchon, poëme patois messin en sept chants, par B*** et M***, de Metz, publié par M. G** *(Édition de 1787)*.

Metz, imp. de C. Lamort, 1787. In-8.

483. Chan Heurlin ou les Fiançailles de Fanchon, poème patois messin en sept chants, par Brondex et Mory, de Metz, publié par M. G** *(Autre édition)*.

Metz, v[e] Devilly, lib. Nancy, imp. de L. Vincent, 1841. In-8.

484. Couâraie (lo), pè Chan Heurlin..... (Patouè et Français).

Strasbourg, typ. G. Fischbach, 1877. Br. in-8 de 16 p.

485. Ermoneck patois messin (lo pt'iat), po l'ennaye 1817.

Metz, Lamort, 1817. In-12 (par Maury, de Metz).

486. Ermoneck messin (lo ptiat), po l'ennaye 1819, dédiet aux dèmes et dmoinzelles de Metz, pè l'Franc Messin Romy.

Lémout, s'vend è Metz, plièce Sint-Jacques. Br. in-12.

487. Ermonek lourain (lo pia) 1877, patoué et français de Chan Heurlin. — Douzicume enaye.

Strasbourg, typ. de G. Fischbach, 1877. 1 vol. in-12.

488. Grosse (la) enwaraye messine, ou devis amoereux d'un gros vertugay de village à sa mieus aymee vazenatte; escript en vray langage du haut pays Messin. — 70 exemplaires. — N° 42 (*Réimprimé par les soins de M. G. Brunet*).

Techener, Paris, s. d. Br. in-8. (Cet opuscule fort rare fut imprimé pour la première fois en 1615, par A. Fabert, *le jeune*; J. Antoine en fit une réimpression en 1634. — L'édition, dont il est fait mention dans le présent catalogue, sort des presses de Th. Lafargue, à Bordeaux.)

489. La famille ridicule, comédie messine (*par Le Duchat*), revue, corrigée et augmentée, achevée d'imprimer pour la première fois en 1720.

A Berlin, 1720, chez Jean Toller, imprimeur de la Cour. 1 vol. petit in-8 de 76 p.

490. Flippe Mitonno ou la Famille ridicule, comédie *messine* en vers patois.

Metz, Lecouteux, libraire, 1848. Br. in-12.

491. Dialogve facétievx d'un gentilhomme François se complaignant de l'amour et d'un berger, qui le trouvant dans un bocage, le reconforta, parlant à lui en patois. Le tout fort plaisant (No 12).

A Metz, Nicolas Antoine, 1671. Petit format réimprimé chez Palléz et Rousseau, le 30 mai 1847, et tiré à 42 exemplaires. La bibliothèque de la ville de Metz possède le nº 12.

492. Dialogue de Thoinette et d'Alizon, pièce inédite en patois lorrain du dix-septième siècle, publiée et annotée par M. Albert de la Fizelière.

Paris, Simon Raçon et Cie, 1856. Br. in-12.

493. Dictionnaire roman, wallon, celtique et tudes- que....., par un religieux bénédictin de la congré- gation de St-Vannes.

A. Bouillon, imp. de la Soc. typog., M.DCC.LXXVII. 1 vol. in-4.

N. B. — Beaucoup de termes, locutions du langage parlé à Metz, sont définis dans ce dictionnaire.

494. Girouettes (les hommes)........, ouvrage....... dédié aux dames et aux demoiselles de Metz, par un Messin philanthrope.....

Metz, Verronnais, 1832. Br. in-8 (contenant différentes pièces en patois messin).

495. Glossaire du patois messin, par D. Lorrain. Ouvrage couronné par l'Académie de Metz.

Nancy, Sidot fr., 1876. Br. in-8 (Cour. par l'Ac. de Metz).

NOTA. — On pourra consulter aussi sur le même sujet le « *Rapport relatif à un Glossoire du patois messin*, par A. Salmon (*Mémoires de l'Acad. de Metz*, 1869-1870). »

496. Histoire véritable de Vernier, maître-tripier du Champé, notable, et désigné pour être échevin de Saint-Eucaire, dialogue en patois messin.

Metz, Lorette, 1844. Broch. in-8.

497. Lorrain peint par lui-même (le), almanach pour l'année 1853, curious et émuzant. I pâle dé torto : dé Napoléon, dé lé Répub ligue, don dous déssambe ; des Notares et des Evocats dé Metz, etc... Cet almanach est suivi d'un vocab. patois-français..., *pè in pliageant Ome des environs dé Metz.*

Metz, Lecouteux. In-12. Imp. de Ch. Dieu et V. Maline.

497 *bis*. Lorrain (le), peint par lui-même, almanach pour l'année 1854, curious et émuzant, suivi d'un vocabulaire patois-français, *pè in pliageant Ome des environs de Metz.*

Lorette, 1854. In-12.

498. Messin (lo franc), ou les loisis d'vendome. R'cueil de pièces que nonment iqua vu l'jo, et qu'sront fourt eutiles aux brauves gens, pé D. M*** de M***.

Metz, Verronnais, 1827. Broch. in-8.

499. Nicu de Jeument (lo), conté de Fauchoux requiet aivau lés prés, pet Monsieu A. de la Fizelière.

Paris, typ. de Firmin Didot frères, 1857 (tiré à douze exemplaires). Br. in-8.

500. Passe-temps lorrains (les), ou Récréations villa-
geoises, recueil de poésies, contes, etc., par Jaclot,
de Saulny.

Metz, Lorette, 1854. St-Nicolas, près Nancy, imp. de P.
Trénel. In-12.

501. R'venants (les), comédie en dous ectes et en
pétois messin, pè l'franc messin Romy, auteur don
p'tiat Ermoneck et d'trabeun' de droul' reyes qui
n'valent mè mieux.

Metz, imp. de Pierret, 1823. In-8.

502. Rondot (lo) don Joson, chanson messine requiaye
pet M. Albert de la Fizelière et Maly devant Metz.

Paris, typ. de Firmin Didot, 1853. Petit format in-12.

503. Vaïège en Angleterre è l'occasion de l'Exposition
universelle de 1851, pè in Afant de Noësfelle.

Metz, lith. Étienne.

504. Vocabulaire patois du Pays-Messin, par Jaclot,
de Saulny.

Paris, Borrani et Droz; Dumoulin, 1854. Br. in-8.

505. Vocabulaire austrasien pour servir à l'intelligence des preuves de l'histoire de Metz...., par dom
Jean François.

Metz, Jean-Baptiste Collignon, 1773. 1 vol. in-8.

A.-A. S.

TABLE DES MATIÈRES

Avis au Relieur.

On devra enlever ces tables particulières à chaque fascicule, et ne laisser qu'une table générale à la fin du volume.

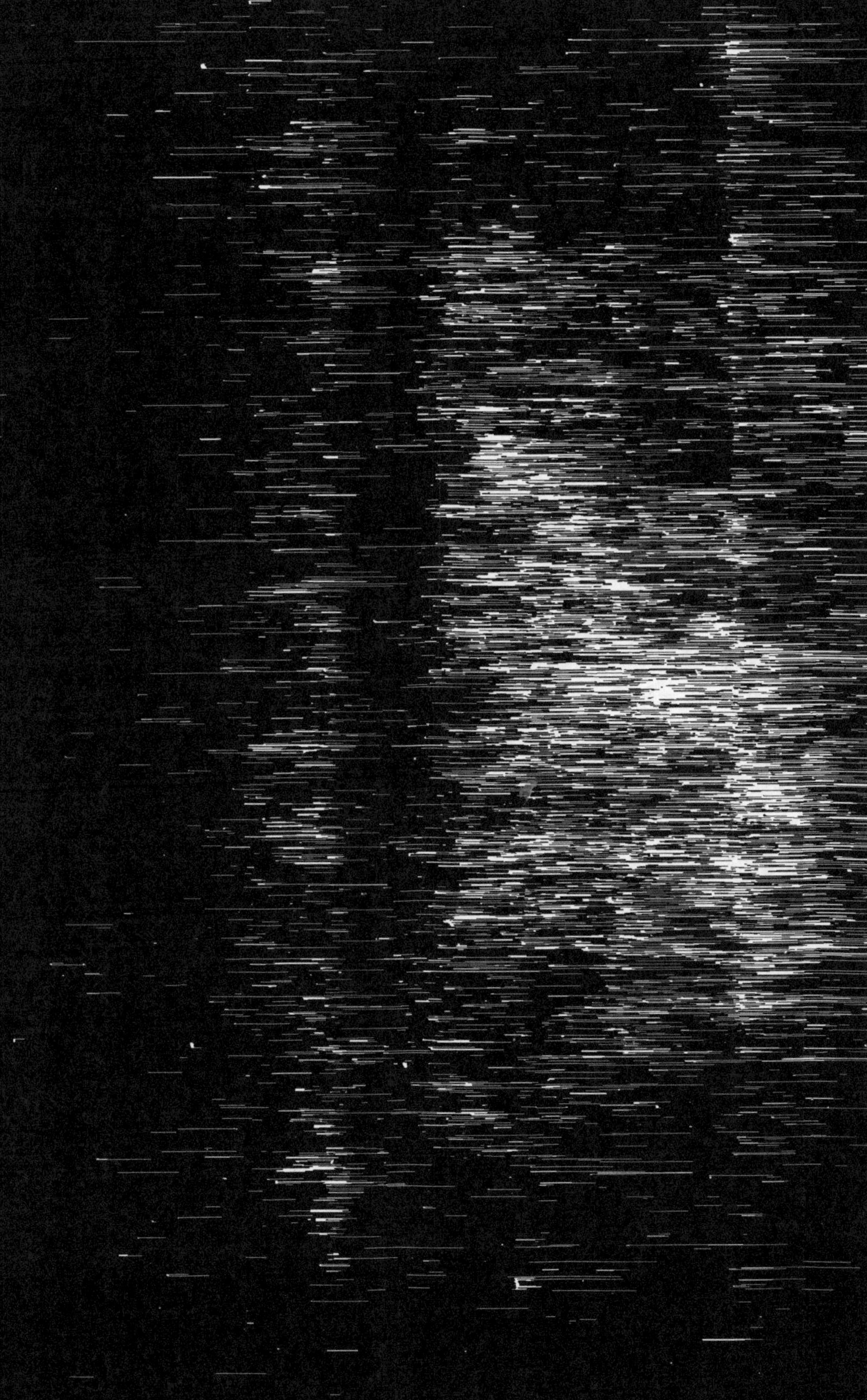

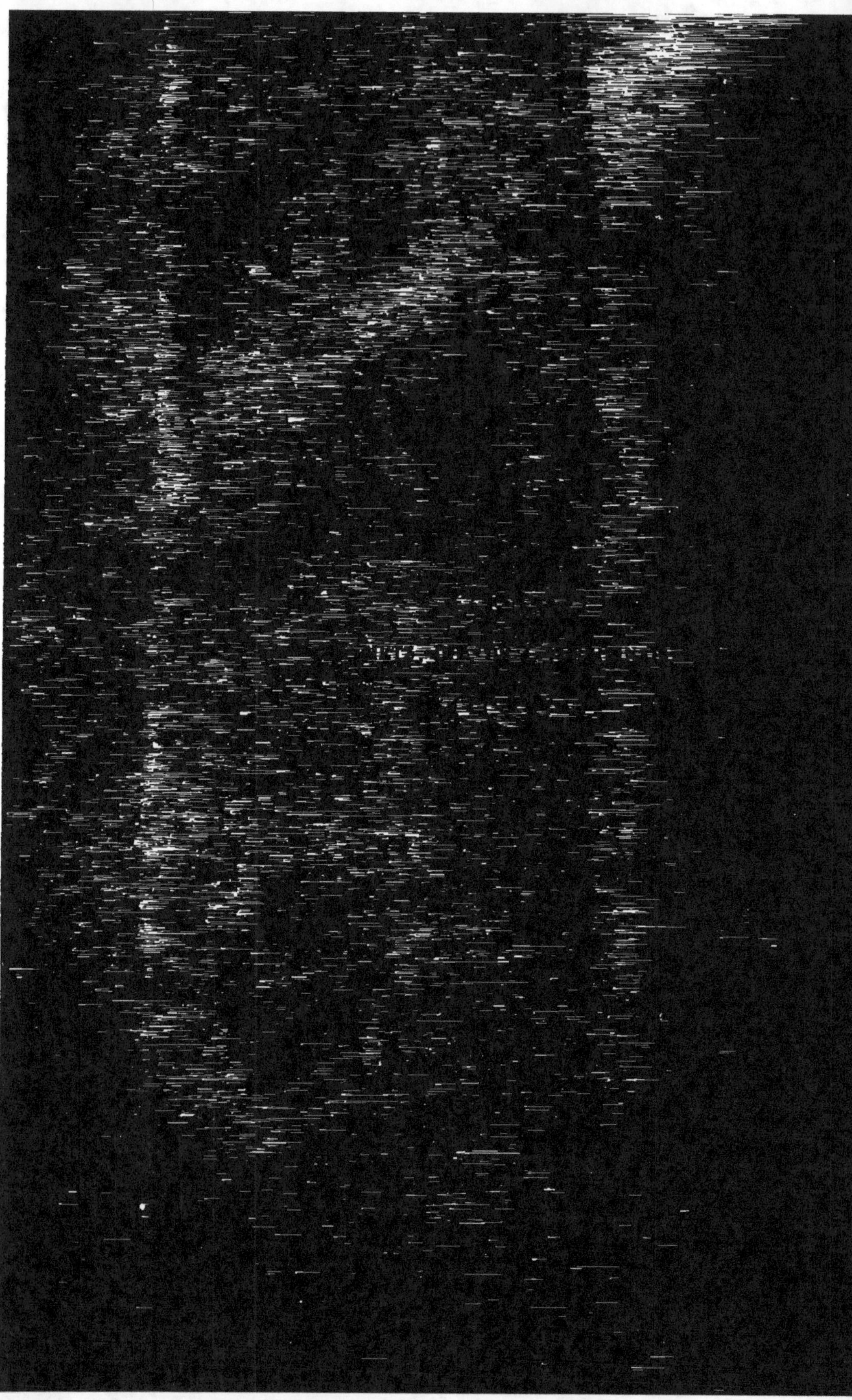